Arshad Zahoor

Anidrose Equina

Arshad Zahoor

Anidrose Equina

Um estudo de campo guia de tratamento da anidrose equina

ScienciaScripts

Imprint

Any brand names and product names mentioned in this book are subject to trademark, brand or patent protection and are trademarks or registered trademarks of their respective holders. The use of brand names, product names, common names, trade names, product descriptions etc. even without a particular marking in this work is in no way to be construed to mean that such names may be regarded as unrestricted in respect of trademark and brand protection legislation and could thus be used by anyone.

Cover image: www.ingimage.com

This book is a translation from the original published under ISBN 978-3-8443-1212-6.

Publisher:
Sciencia Scripts
is a trademark of
Dodo Books Indian Ocean Ltd., member of the OmniScriptum S.R.L Publishing group
str. A.Russo 15, of. 61, Chisinau-2068, Republic of Moldova Europe
Printed at: see last page
ISBN: 978-620-2-87903-3

AGRADECIMENTOS

Alá Todo-Poderoso nunca estraga os esforços. *Considero como meu dever principal reconhecer a bondade e amor omnipresentes de* **Alá Todo-Poderoso,** *que me permitiu completar a redacção desta tese. Estou grato a* **Deus Todo-Poderoso,** *o Misericordioso, que me abençoou com boa saúde, professores talentosos, pais afectuosos, irmãos, irmãs, amigos simpáticos e me proporcionou uma oportunidade para completar este trabalho de pesquisa. Considero meu dever máximo expressar gratidão e respeito ao* **Santo Profeta Hazrat Muhammad** *(SAW), que é para sempre uma tocha de orientação e conhecimento para a humanidade como um todo.*

Manifesto a minha gratidão ao meu digno supervisor, **Dr. Ghulam Muhammad,** *Presidente e Professor Associado de Medicina Clínica e Cirurgia, Universidade de Agricultura, Faisalabad, pelo seu vivo interesse, sugestões valiosas, encorajamento consistente, supervisão dinâmica e atitude simpática durante o curso deste esforço de investigação.*

Tenho o maior prazer em expressar um profundo sentimento de gratidão aos membros do meu comité de supervisão, o **Sr. Muhammad Saqib,** *Professor, Departamento de Medicina Clínica e Cirurgia, e o Dr.* **Muhammad Arshad,** *Professor Associado, Departamento de Microbiologia Veterinária, Universidade de Agricultura, Faisalabad, pela sua atitude positiva durante o curso do trabalho de investigação e redacção deste manuscrito.*

*Ofereço a minha mais sincera gratidão a todo o pessoal do Hospital Brooke para os Animais, especialmente ao **Major Muhammad Zahoor & Major Ashraf pela** atitude e cooperação sinceras durante todo o meu período de estudos.*

*Agradeço ao meu amigo **M. Nauman Manzoor**, que também contribuiu muito para este esforço.*

Este reconhecimento seria incompleto a menos que eu ofereça a minha humilde veneração aos meus pais afectuosos, aos meus irmãos & irmãs cujas mãos sempre se ergueram em orações por mim por me ter levado através dos nobres ideais da vida.

ARSHAD ZAHOOR

CONTEÚDO

CAPÍTULO 1

INTRODUÇÃO

Dezenas de milhares de pessoas no Paquistão ganham o seu sustento utilizando equinos para vários fins, por exemplo, transportar bens e pessoas de um lugar para o outro, desportos como, estacas de tendas, corridas e cavalgadas (Shamoon-ur-Rashid, 1997). Além disso, os equídeos ainda desempenham um papel vital no transporte de munições e alimentos para as forças armadas em áreas montanhosas, onde os veículos motorizados não conseguem chegar durante a guerra ou mesmo em tempo de paz. A polícia e os Rangers também têm utilizado cavalos para viagens aventureiras e movimentos logísticos. De acordo com um inquérito recente, o Paquistão foi dotado de uma população de cavalos de 0,3 milhões (Anónimo, 2002-03).

Nos países em desenvolvimento, os equídeos continuam a ser o principal meio de transporte de bens e pessoas. A vida desses animais de trabalho tem sido frequentemente atormentada por condições miseráveis e deficientes, pois nestes países os equídeos pertencem às pessoas mais pobres e são a sua principal fonte de rendimento. O Verão pode ser extremamente perigoso para os cavalos, especialmente se os seus proprietários não estiverem conscientes dos perigos do stress térmico e da anidrose. O trabalho intenso durante as condições de alta temperatura ambiental e humidade sobrecarrega a capacidade do cavalo de se arrefecer a si próprio e pode levar a uma condição de risco de vida chamada 'anhidrose'.

Animais de tracção como os cavalos sofrem de uma série de doenças e distúrbios. A anidrose tem sido um importante problema de saúde dos equídeos apresentado aos hospitais veterinários no Paquistão. Não tem sido realizado muito trabalho local. Até hoje, apenas dois relatórios estão disponíveis do Paquistão sobre a terapia da anidrose equina (Maqsood, 1956; Shamoon-ur-Rashid, 1997). Esta síndrome tem sido caracterizada clinicamente por taquipneia, intolerância ao trabalho, erupção das narinas, aumento da respiração e da pulsação, diminuição do apetite, hipertermia e alopecia, especialmente da face. O suor profuso antes do início da anidrose é uma parte da descrição clássica nos cavalos não climatizados. Uma diminuição no consumo de água (= desidratação voluntária) e perda da condição corporal é frequentemente notada. O suor é escasso com pouca ou nenhuma produção de espuma (Warner, 1982).

Foram recomendadas várias linhas de tratamento para a anidrose equina. O tratamento mais fiável para cavalos com anhidrose tem sido o controlo ambiental. A administração de electrólitos (por via oral ou por tubo estomacal) foi considerada eficaz em cerca de 50% dos casos (Warner, 1982). Com base no trabalho de investigação realizado em Lahore, Maqsood (1956) relatou que a administração de uma dose diária de 10-15g de caseína iodada (ProtamoneTM, Agri-Tech, Inc., Kansas City, Missouri, EUA., contendo 0,72% de I- tiroxina no bio-ensaio) durante um período de cerca de 4-8 dias curou os cavalos afectados e os animais tratados começaram novamente a suar normalmente. A maioria dos livros-texto veterinários padrão (por exemplo Radostits *et al.*, 2000) publicados até à data, citaram este trabalho. É curioso, contudo, que não esteja disponível um único relatório que analise o valor desta terapia. A administração oral de 1000-3000 U.I. de Vitamina E (^tocoferol natural) diariamente durante um mês também tem sido relatada como tendo sido bem sucedida. No entanto, esta terapia foi utilizada em conjunto com a mudança para o ambiente frio (Marsh, 1961). Recentemente, Shamoon-ur-Rashid (1997) relatou 73% de eficácia da administração de vitamina E no tratamento da anidrose equina. Este medicamento foi administrado na dose de 2000 U.I. oralmente durante três dias. O trigo germinado é uma excelente e mais barata fonte de vitamina E (Yang *et al* 2001). No entanto, tanto quanto foi possível determinar, não existe qualquer relatório sobre a avaliação da eficácia do trigo germinado na terapia da anidrose equina.

O presente estudo foi, portanto, concebido para o efeito:
a)   Determinar as características clínico-epidemiológicas da anidrose em cavalos,
b)   Determinar as alterações bioquímicas nos cavalos que sofrem de anidrose, e
c)   Avaliar a eficácia comparativa da caseína iodada e do trigo germinado no tratamento da anidrose em cavalos.

CAPÍTULO 2

REVISÃO DE LITERATURA

Barnes (1938) relatou que a anidrose equina, uma síndrome que consiste na perda da capacidade de suor e consequente redução da capacidade de desempenho, foi relatada na década de 1920 nos Thoroughbreds britânicos transferidos para colónias tropicais. Durante as primeiras semanas, os cavalos afectados foram vistos a suar profusamente ou a atrasar a transpiração, ou a "secar" quer parcialmente quer sobre todo o corpo. O desempenho em corridas ou pólo tornou-se limitado pelo calor excessivo, uma vez que a termoregulação foi severamente prejudicada. Tais cavalos voltavam frequentemente a suar se fossem movidos para um clima mais fresco.

Barnes (1938) revelou que a evaporação do suor apenas afectava o mecanismo de dissipação de calor quando a temperatura ambiente excede a temperatura corporal, sendo o cavalo anidrótico obrigado a actuar a uma temperatura ambiente extremamente elevada em grave perigo de hipertermia. Tais cavalos foram reportados para atingir a temperatura rectal até 180 oC e entraram em colapso e morreram quando correram.

Richard (1944) relatou que a doença do puff é uma incapacidade para suar, desenvolvendo-se frequentemente nos Thoroughbreds importados de Trinidad, Índias Ocidentais Britânicas para corridas planas. Durante os últimos vinte anos, estima-se que aproximadamente 15% dos jovens corredores importados de Inglaterra e da Irlanda desenvolveram a doença. O início da doença do puff é gradual e não está associado a uma síndrome de exaustão do calor. A abundância de suor, bem como as zonas de suor do corpo, diminuem gradualmente até que o pêlo permanece seco e não há humidade na pele. As membranas estão pálidas e sob excreção não há uma distensão normal dos vasos superficiais. O apetite por comida e água é pobre e há um aspecto encolhido e encoberto.

Durante a última década, a causa da exaustão do calor nos equídeos tem sido associada a uma perda sustentada de cloretos sanguíneos devido à transpiração persistente sob exposição prolongada a calor excessivo. A terapia intravenosa com cloreto de sódio é utilizada vantajosamente como tratamento adjuvante para a correcção das circunstâncias locais. Uma leitura de cloreto sanguíneo na exaustão de calor agudo não está disponível para comparação nesta escrita, mas é de recordar que na manifestação clínica desta última sudorese é susceptível de causar com intensidade do ataque, mas retomar quando soluções salinas são fornecidas por via intravenosa. A partir deste estudo preliminar, é certo que existe uma forma de doença do inchaço ou anhidrose nos cavalos de corrida nos trópicos que está associada a um persistente baixo nível de cloreto de sangue. Torna-se uma entidade crónica, em condições de corrida, sem a ocorrência de um síndrome de esgotamento agudo do calor em que se presume que ou o cloreto cai para um nível inferior, ou agudamente para o mesmo nível. Os cavalos importados, como as pessoas suam forte e persistentemente quando se submetem a uma aclimatação tropical e devem beneficiar de uma adição proporcional de sal à dieta.

Wolkin *et al.* (1944) relataram que a suplementação dietética com cloreto de sódio não é bem sucedida como medida terapêutica, e a recuperação ocorre apenas com repouso prolongado num ambiente mais fresco.

Robinson *et al.* (1950) relataram que as perturbações metabólicas secundárias a perdas excessivas de líquidos ou electrólitos e a resposta sistémica a essas perdas durante o período de sudorese profusa devem ser consideradas na patogénese dos sinais da síndrome de anhidrose. As perdas de fluidos e electrólitos podem ser substanciais nos cavalos ou seres humanos que transpiram excessivamente.

Evans *et al.* (1954) relataram que a transpiração pode ser estimulada nos cavalos pela administração intravenosa de epinefrina, ou localizada por injecção intradérmica de epinefrina em casos de transpiração.

Maqsood (1956) relatou que a não transpiração é uma condição em que o processo de transpiração é preso em cavalos. A sua ocorrência é sazonal, principalmente no tempo quente dos países tropicais. As raças importadas são mais susceptíveis do que as raças locais. Foram observados vários casos de não suor em cavalos de corrida e Tonga-ponies em Lahore. Estes desenvolveram esta condição durante os meses de Verão e permaneceram sem suor mesmo durante os meses de Inverno. Observou-se que a administração de uma dose diária de 10-15g de caseína iodada durante um período de cerca de 4-8 dias curou os animais afectados e os animais tratados começaram de novo a suar. Segundo o autor, há indicações de que a condição tem origem em alguma perturbação endócrina nos animais cujo mecanismo de regulação do calor é afectado negativamente em resultado do excesso de trabalho.

Evans *et al.* (1957) relataram que se pensa que a concentração de epinefrina sangüínea é maior nos cavalos que vivem no calor húmido, versus um clima temperado. Com o exercício, contudo, o aumento da concentração de epinefrina em circulação não é maior nos anhidróticos do que nos cavalos clinicamente normais. Os cavalos de suor livre nos trópicos parecem menos sensíveis à administração intravenosa de epinefrina do que os cavalos de clima temperado.

Ladell (1957) descreveu que a anhidrose ocorre de facto nos povos, e existem semelhanças interessantes numa síndrome humana chamada astenia tropical da anhidrose. Quando os caucasianos (na maioria das vezes soldados) passam de um clima tropical temperado para um clima tropical húmido, podem experimentar uma anidrose precedida de suor profuso.

Correa e Calderin (1966) relataram uma baixa concentração de cloreto de soro, como parte da síndrome de anhidrose tropical em cavalos.

De acordo com Evans (1966), o alojamento das glândulas sudoríparas a uma maior concentração circulante de epinefrina secundária ao stress térmico tem sido a explicação mais amplamente aceite para a anidrose tropical. Os cavalos afectados requerem doses mais elevadas de epinefrina por via intravenosa ou intradérmica do que os cavalos clinicamente normais para induzir a sudorese geral ou local, e a resposta intradérmica nos cavalos afectados tem sido utilizada prognosticadamente. A estimulação intradérmica das glândulas sudoríparas com epinefrina pode fazer com que um cavalo perca a capacidade de suar durante um período prolongado. Assim, concluiu-se que o receptor da glândula pode habituar-se a concentrações mais elevadas de epinefrina em repouso nos trópicos, e após um período inicial de sudorese profusa, a resposta já não é desencadeada.

Julio e Calderin (1966) observaram que a anhidrose é uma doença tropical. As condições climatológicas e ambientais que rodeiam estes cavalos são de extrema importância. Os climas quentes e húmidos de Porto Rico afectaram negativamente os cavalos. Os cavalos afectados continuam a soprar mesmo em repouso após o exercício, particularmente durante os dias quentes. A temperatura corporal pode aumentar 1050F (40,6oC) e é mantida a um nível elevado durante um período prolongado. A temperatura corporal decresce gradualmente à medida que os cavalos arrefecem. Entre as possíveis causas da doença, encontraram 5 teorias que podem ser consideradas responsáveis de uma forma ou de outra. Teoria No.1 Hiperacerização dos canais das glândulas sudoríparas. A hipocloremia devida à perda de cloreto de sódio no suor em pessoas não habituadas à alta temperatura No.2 é o esgotamento da água e do cloreto de sódio. A exigência de sal em cavalos varia muito, dependendo da quantidade de trabalho realizado e da temperatura. No.3 é o hipotiroidismo, a glândula tiróide está sujeita a grandes alterações fisiológicas devido à temperatura e condição climática. A mudança de temperatura pode causar estas alterações fisiológicas da tiróide que, por sua vez, levam ao hipotiroidismo. N.º 4 de exaustão do calor e síndrome de retenção de suor.

Gordon e Maibach (1968) descreveram que a ocorrência de anhidrose pode ser contabilizada pela ruptura repetida das condutas de suor e pelo aumento do entupimento durante a estimulação térmica. A reversibilidade ocorre dentro do curso temporal da rotação epidérmica quando a sudorese é evitada.

Smiles e Robinson (1971) afirmaram que o controlo central do suor está no hipotálamo, o que influencia todos os mecanismos termorreguladores. Os principais estímulos ao hipotálamo continuam a ser objecto de disputa, mas incluem o núcleo, a pele, a temperatura sub-dérmica e o impulso neuromuscular.

Massry e Coburn (1972) declararam que a actividade da tiróide é deprimida com exposição crónica ao calor, possivelmente como uma adaptação à diminuição da termogénese.

Carlson e Mansmann (1974) relataram que a diminuição acentuada das concentrações de cloreto de soro e potássio são as descobertas mais consistentes nos cavalos após um exercício competitivo prolongado.

Johnson (1975) relatou que a norepinefrina, o habitual transmissor adrenérgico pós-ganglionar, não induz mais do que uma descarga mínima de suor no cavalo, embora ocorra uma piloerecção sustentada.

Currie e Seager (1976) relataram que a anterior implicação de stress de desempenho e dieta concentrada elevada como causa não pôde ser corroborada, uma vez que várias éguas de criação e cavalos de prazer foram relatados como afectados. A síndrome hoje observada na Florida não começa normalmente com suor profuso e nem sempre parece estar associada ao stress da aclimatação. Muitos cavalos da Flórida com anhidrose no Verão transpiram quando são exercitados durante os meses de Inverno.

Snow (1977) relatou que o uso de agonistas e antagonistas adrenérgicos demonstrou que a transpiração induzida pela adrenalina é mediada pelo OOETA 2-adrenoreceptor no cavalo.

Fowler (1978) declarou que o suor é o principal mecanismo de arrefecimento dos equídeos. A procura de sombra, a diminuição da actividade, a convecção e a radiação são os únicos outros mecanismos disponíveis.

Dobson (1979) definiu a anidrose como "a incapacidade de produzir ou entregar suor à superfície da pele na presença de estímulos apropriados".

Hood (1979) relatou que os cavalos tireoidectomizados parecem suar normalmente, mas até que mais dados sejam acumulados, o hipotiroidismo não pode ser excluído como um mecanismo para a anidrose equina.

Johnson and Creed (1982) relatou que, em cavalo intacto, a sudorese induzida pelo calor ocorria inicialmente como um pulso, depois como uma descarga contínua, de flutuação síncrona. A adrenalina intravenosa induziu imediatamente a sudorese. Observaram padrões de sudorese consistentes com a activação independente do mioepitélio alfa-adrenérgico e células secretoras beta-adrenérgicas nas glândulas sudoríparas. As alterações microcirculatórias aparentemente também influenciaram a descarga de suor.

Warner e Mayhew (1982) pesquisaram cavalos na Flórida para anhidrose. A síndrome nesta parte do mundo parecia ser um pouco diferente das suas descrições clássicas. Estava confinada aos Thoroughbreds, cavalos de alto rendimento, ou cavalos importados. A aclimatação não desempenhou um papel no desenvolvimento da anhidrose em muitos casos, mas o stress térmico aparentemente desempenha. A aclimatação foi geralmente durante o Verão, e a remissão parcial pode ter ocorrido durante o Inverno. Cavalos anidróticos na Florida que não transpiraram durante o Inverno tinham uma distribuição normal da produção de suor. Estes cavalos frequentemente não produziam espuma. A instalação na Flórida foi pouco frequentemente precedida de suor retardado ou profuso. Os sinais secundários mais frequentemente observados no início foram taquipneia (presumivelmente uma resposta termoregulatória), fadiga, e alopecia. Não houve provas claras de predisposição devido a factores genéticos, alto desempenho ou uma dieta concentrada elevada. Nenhum cavalo afectado tinha menos de 1 ano de idade, sugerindo algum factor ambiental que contribuísse para o seu aparecimento. Ainda não houve uma terapia uniformemente bem sucedida.

De acordo com Warner (1983) anhidrose ou síndrome da pelagem seca caracterizada pela perda da capacidade de suar e consequente redução da capacidade de desempenho foi relatada na década de 1920 em Thoroughbreds britânicos transferidos para colónias tropicais. Durante algumas semanas, os cavalos afectados foram vistos com atrasos na transpiração após o exercício. O cavalo deixaria então de suar ou secaria, quer parcialmente, quer sobre todo o corpo.

Jenkinson *et al.* (1985) examinaram ao microscópio electrónico diferentes amostras de biopsia que foram recolhidas do pescoço de cavalos hipoidróticos em Hong Kong. Os controlos foram amostrados tanto na estação fria como na quente, e os cavalos hipoidróticos na estação quente. Quatro dos cavalos hipoidróticos foram alojados em caixas com ar condicionado, uma vez que estavam muito angustiados e completamente anhidróticos com o calor. O microscópio revelou atrofia e anormalidade das glândulas sudoríparas na hipoidrose, indicando falha progressiva dos mecanismos glandulares.

Mayhew e Ferguson (1987) conduziram estudos sobre as características clínicas e epidemiológicas da anidrose. Além disso, foi feita uma análise comparativa da tiroxina sérica, electrólitos séricos e rácios de excreção de electrólitos urinários fracionários. Foi observada uma prevalência global de 6,12%. Os cavalos de treino e os reprodutores não grávidos tiveram uma predilecção pela doença. Os cavalos adolescentes não eram afectados com frequência. Não houve correlação com sexo ou cor. Sinais clínicos comparativos relacionados com o compromisso termorregulatório, incluíam taquipneia e hipertermia. Os efeitos a longo prazo incluíram alopecia focal e generalizada, diminuição do apetite e desempenho prejudicado. Anteriormente não foram demonstrados hipotiroidismo e hipocloremia; contudo, as taxas de excreção fraccionária de cloretos urinários indicavam uma conservação relativa significativa do cloreto.

Fahey (1989) relatou que em Katherine, território do Norte (Austrália) alguns cavalos são afectados pelo sopro e a causa mais comum de morte em cavalos em Katherine é devido à alta temperatura e elevada humidade. Ele comenta que ver um cavalo com um ritmo cardíaco de 70 e um ritmo respiratório de 180 que se mantém tão alto até bem de noite, é uma experiência triste. Ele afirma que Lasir, é um bom tratamento à medida que o cavalo arrefece rapidamente assim que começa a beber e a urinar.

Guthrie *et al.* (1992) descreveram um teste prático semi-quantitativo para avaliar a resposta à transpiração a várias concentrações do agonista beta 2 específico, sulfato de salbutamol, em Thoroughbreds. Foram apresentados os resultados deste teste em cavalos (n=54) considerados como "suores livres", cavalos (n=6) que mostraram sinais de stress térmico após o exercício, e cavalos com uma anidrose completa (n=2). Os resultados indicaram que injecções intradérmicas de 0,1 ml de sulfato de salbutamol a diluições de 10-7 ou menos são estímulos adequados para provocar uma sudorese local visualmente detectável em cavalos com uma resposta normal à sudorese. Cavalos que apenas transpiraram nos locais onde foram injectadas soluções de salbutamol com diluições entre 10-4 e 106 tiveram provavelmente uma resposta reduzida à sudorese e podem ser considerados como sofrendo de uma anidrose parcial. Cavalos com uma anidrose grave de longa duração não transpiraram, mesmo em resposta a soluções de salbutamol com diluições de 2 x 10-3.

Schubert *et al.* (1993) relataram que durante um período de meses, 10 cavalos, cada um deles recebeu uma dieta convencional contendo vitamina E 25 mg/kg DM e uma pré-mistura com um suplemento básico de a-tocoferol 40 ou um suplemento superior de 200 mg/cabeça por dia. A vitamina E em amostras de sangue e leite foi estimada por HPLC. Uma influência da dose de a-tocoferol na concentração de vitamina E no soro e no leite não pôde ser estabelecida e concluiu-se, portanto, que a concentração de vitamina E no leite ou no soro não é adequada para avaliar o estado de vitamina E no cavalo na concentração testada.

Geor *et al.* (1995) registaram cinco testes de exercício de cavalos de raça pura com 3-6 anos de idade completados em cada uma das condições ambientais: frio, seco (CD, 20oC; RH, 45-55), quente, seco (HD, 32-34 oC; RH, 45-55%) e quente, húmido (HH, T, 32-34oC; RH, 80-85%). Os cavalos foram exercitados a uma carga de trabalho igual a 50% do VO2 máximo numa passadeira fixada a uma inclinação de 10% até atingir uma temperatura de sangue da artéria pulmonar (PA) de 41,5oC seguida de uma recuperação de marcha de 30 minutos (0% de inclinação), e mais 30min de recuperação em pé. A duração do exercício para HD (média, 28n 2 min) e HH (16,5nl min) foi significativamente reduzida quando comparada com CD (37n2 min). A taxa de aumento da temperatura do sangue em PA foi significativamente mais elevada em HH do que em HD e CD. A temperatura no músculo glúteo médio após 15 min de exercício foi significativamente mais elevada em HH (41,9no.3oC) do que em HD (40,7n 0,25oC e CD 40n0,2oC), onde como temperatura rectal no final do exercício foi significativamente mais baixa em HH (39,1n0,3oC) do que em HD (40,1n0,25oC) e CD (40 no.2oC). O sangue PA: a diferença de temperatura da pele foi significativamente menor em HD e HH do que em CD. Quando comparado com o CD, a temperatura em todos os locais foi mais elevada em HD e HH durante os 60min de recuperação. Durante todo o exercício e condições. As taxas respiratórias após o exercício foram significativamente mais altas em HD e HH do que em CD durante a recuperação. Concluiu-se que as cargas térmicas adicionadas de alta temperatura e humidade relativa aumentaram a taxa de armazenamento de calor durante o exercício e atrasaram a dissipação de calor durante a recuperação.

Harris *et al.* (1995) relataram que quatro cavalos (H, J, N e M) realizaram uma estimulação da velocidade e teste de resistência de uma prova de 3 dias, sob 3 condições ambientais diferentes. Foram investigados os efeitos do exercício, ambiente e cavalo nas concentrações de plasma venoso TP, sódio (Na+), potássio (K+), cloreto (Cl-), cálcio (Ca+), magnésio (Mg2+) e fosfato (PO4). Além disso, foi avaliado o efeito da condição ambiental sobre a perda estimada de catiões. Todos os cavalos completaram a simulação completa em condições frias, secas e quentes, mas apenas um cavalo completou os 8 min completos da fase final de cancro D em condições quentes e húmidas. Houve uma interacção significativa entre tempo e cavalo para TP, Na+ e Cl-. Houve uma interacção significativa entre o tempo e as condições ambientais apenas para Cl- e TP. Durante grande parte do período de estimulação e recuperação, os valores médios de Cl- foram superiores com a primeira estação fria e seca, depois com a segunda sessão fria e seca ou sob condições quentes, húmidas ou quentes e secas. Após 2 min da Fase D e durante o período inicial de recuperação, as concentrações de TP foram quentes sob as condições quentes e húmidas, voltando aos valores antes do exercício menos rápido. Houve variações individuais acentuadas nas perdas catiónicas estimadas e não   foi encontrado   qualquer   efeito   consistente   nas

co

ndições ambientais. Embora, a perda de fluidos estimada tenha sido semelhante após ambas as condições quentes e húmidas.

Lindenger *et al.* (1995) submeteram cinco cavalos puro-sangue de 3-6 anos de idade a exercício a 50% do pico de VO2 em condições frias, secas (CD, 22oC; RH, 45-55%), e quentes, de humidade (HH, 30-34 oC; RH, 80-85%) até ser atingida uma temperatura da artéria pulmonar de 41,5oC. O sangue foi obtido a partir da artéria carótida. A massa corporal foi medida no resto e após 30 minutos de recuperação. As condições térmicas não tiveram qualquer efeito sobre o volume de plasma (PV) e respostas iónicas durante o exercício e os 30 minutos iniciais de recuperação. O exercício resultou numa diminuição de 8,5% na PV nos primeiros 2 min e, na ausência de alteração das concentrações de Na+, e Cl- no plasma, foi responsável por uma diminuição de 150 a 185 mmol no conteúdo de Na+, Cl- no plasma. A diminuição da FV foi responsável por cerca de 50% do aumento do volume de células embaladas (37% em repouso; 51% a 2 min de exercício). A concentração de plasma K+ e o conteúdo de K+ aumentou rapidamente durante os primeiros 2 min de exercício. Com a cessação do exercício, a concentração de plasma K+ diminuiu com um meio tempo de cerca de 2 min; a recuperação da PV e do conteúdo de Na+ e Cl- no plasma ocorreu com um meio tempo de 10-15 min, com uma recuperação quase completa em 30 min no ensaio HD, entre 30-60 min da recuperação houve mais diminuições na PV e no conteúdo de iões. Concluiu-se que, com este protocolo de exercício, o stress térmico teve uma influência mínima na taxa e magnitude das alterações induzidas pelo exercício na PV e nos conteúdos iónicos. Contudo, o stress térmico durante a recuperação do exercício pode impedir a restauração da PV e dos conteúdos de iões.

Foreman *et al.* (1996) registaram o efeito de encurtar a distância da prova (fase B) em condições climatéricas quentes e húmidas. O estado ácido-base e electrolítico foram examinados em 8 cavalos puro-sangue. Foram realizados três testes de exercício padronizados numa passadeira de alta velocidade, consistindo em trotar a 3,7 m/s durante 10 min (fase A), galopar a 11 m/s (fase B) para 4 (condições de colaboradores), 3 (quente e húmido), trotar a 3,7 m/s durante 30 min (fase C) e andar a 1,8 m/s durante 10 min (fase X). A inclinação da passadeira foi de 4% para trotar e galopar e 0% para andar a pé. As condições frescas foram de 26 a 28 oC e 80 a 85% de humidade relativa.

Encurtando a distância da esteira em 50% sob condições quentes e húmidas (2 min B) resultou num regresso consistente às medidas de controlo (4 min B) só para o lactato de plasma. A alteração no volume de células embaladas, hemoglobina, proteína plasmática total, K+ e Cl- estavam mais relacionadas com a maior distância de galope nos ensaios de 4 min B do que com as condições laboratoriais. Alternativamente, as alterações no intervalo de aniões, glucose plasmática e lactato, pH, pCO2 estavam mais relacionadas com o calor e humidade ambientais do que com a distância de galopagem. Concluiu-se que estas últimas variáveis, combinadas com medidas físicas tais como temperatura central, perda de peso corporal, e ponto de fadiga na fase C e taxas cardíacas de recuperação podem ser os melhores monitores de respostas em estudos de modificação da fase C.

Rose and Snow (1997) relatou que os cavalos normalmente apresentam pelagem seca e não raro tinham um historial de hiperidrose (suor livre) antes do início da anidrose. A maioria das teorias giram em torno da degeneração da glândula produtora de suor ou da redução da estimulação (adrenoceptores B2) necessária para desencadear a produção de suor por estas glândulas. A síndrome ocorre mais frequentemente em climas quentes e húmidos, onde a produção máxima de suor é estimulada numa tentativa de manter temperaturas corporais normais.

Marlin *et al.* (1999) relataram as respostas do suor e da temperatura da pele de cavalos normais e anidróticos à adrenalina intravenosa. A anidrose tem sido reconhecida há mais de meio século, mas apesar de alguns excelentes estudos epidemiológicos, tem havido poucos progressos na compreensão da etiologia da condição. Utilizando uma cápsula ventilada modificada, obtivemos dados dinâmicos e quantitativos sobre as respostas à sudorese em cavalos anidróticos e controlos normais da sudorese a partir do mesmo ambiente. Foram seleccionados dez cavalos com anhidrose sazonal actual e 10 controlos de sudorese normal correspondente. Cada cavalo recebeu duas infusões de 10 menos 1 e 2 microgramas/kg/min de adrenalina, separados por pelo menos 6 h. As respostas de suor e a temperatura da pele no pescoço e região glútea foram medidas. Foi recolhido plasma e suor para análise de proteínas totais e electrólitos e plasma para análise de adrenalina. Cavalos com produção significativamente menor de suor tinham taxas de suor inicial e de pico mais baixas e um maior pescoço: razão glútea para a produção de suor. A adrenalina plasmática em repouso ou no momento do pico de suor não era diferente entre os grupos. Havia diferenças significativas nas concentrações de electrólitos de suor entre os controlos e os cavalos de raça anhidrótica. Estas diferenças foram reduzidas quando os electrólitos de suor eram expressos por g de proteína total, e não existiam diferenças quando expressos em g/m2. Este estudo forneceu uma visão da resposta dos cavalos anhidróticos à estimulação adrenérgica beta 2 e pode ser uma técnica útil para investigar esta condição.

Radostitis *et al.* (2000) anhidrosis ocorre mais frequentemente em cavalos em países com climas quentes e húmidos, incluindo Índia, Indonésia, Srilanka, Malásia, Austrália e Costa do Golfo do México nos Estados Unidos. É mais grave nos meses quentes de Verão. Os machos e as fêmeas são igualmente afectados.

Yang *et al.*, 2001, tempo e condições de germinação foram estudados para determinar as condições óptimas que maximizariam a produção de antioxidantes. Os primeiros grãos de trigo mergulhados em água durante 24 ou 48 horas, seguidos de incubação no escuro durante 9 dias a 98% HR e 16,5 graus oC. As alterações na concentração de vitaminas C e E, betacaroteno, ácido ferúlico e ácido vanílico foram monitorizadas ao longo do período de germinação. As vitaminas C e E e o beta-caroteno eram pouco detectáveis nos grãos secos. No entanto, ao germinar, a concentração destas vitaminas antioxidantes aumentou constantemente com o aumento do tempo de concentração na germinação, atingindo os seus picos após 7 dias a 550 mu/g para a vitamina C, 10,92 microgramas/g para o alfa-tocoferol, e 3,1 microgramas/g para o betacaroteno. Os grãos mergulhados durante 48 horas antes de a germinação se tornar húmida, pegajosa, de cor castanha amarelada com cheiro ácido após 7 dias, estes resultados sugerem que os grãos de trigo mergulhados durante 24 horas e germinados durante 7 dias produziriam os rebentos mais desejáveis no que diz respeito às concentrações antioxidantes e propriedades sensoriais.

Beadle *et al.* (2002) estudaram a base molecular da fisiopatologia da anidrose ainda não é bem compreendida. Por conseguinte, os tratamentos baseiam-se mais frequentemente em impressões clínicas do que em factos científicos. As opções de tratamento para esta condição só irão melhorar quando se souber mais sobre os eventos moleculares que causam a anidrose, especialmente porque estão relacionados com a disfunção do receptor beta2 e o acoplamento estímulo-secreção nas glândulas sudoríparas dos cavalos afectados. Embora esta informação adicional esteja a ser obtida, uma boa gestão ambiental continuará a ser um aspecto muito importante do tratamento de cavalos afectados com a anidrose.

CAPÍTULO 3

MATERIAIS E MÉTODOS

O estudo foi realizado na Clínica Externa do Hospital de Ensino Médico Veterinário, Departamento de Medicina Clínica e Cirurgia, Universidade de Agricultura, Faisalabad (UAF) e Hospital Brooke para Animais, Multan durante os meses de Verão (Maio a Setembro de 2004).

Foi conduzido em 3 níveis, a saber

a)   Parâmetros clínico-epidemiológicos,

b)   Bioquímica do soro e,

c)   Avaliação terapêutica

c.1. Parâmetros Clinico-Epidemiológicos

Os parâmetros epidemiológicos incluíram a prevalência global, prevalência mensal e etária, morbilidade proporcional em relação a todas as outras perturbações, e mortalidade (se houver). Observações epidemiológicas e sinais clínicos foram registados num proforma (Apêndice 1).

O diagnóstico da anidrose foi baseado em: (a) Teste de adrenalina intradérmica: Não transpiração após uma injecção intradérmica de 0,5 mL de 10-3 mL de adrenalina p/v. (Evans, 1966). (b) Teste intradérmico de sulfato de salbutamol: resposta local à transpiração após uma injecção intradérmica de 0,1 mL de 10-7 concentração de sulfato de salbutamol (Ventolin, GlaxoWellcome, Paquistão) (Guthrie *et al.*, 1992). A história relativa ao tipo e duração do trabalho realizado pelo animal e a informação sobre qualquer doença pré-existente foi tirada. Foram registados sinais clínicos em animais afectados, incluindo grau de transpiração, frequência respiratória, frequência de pulso, temperatura, adrenalina e tempos de transpiração com salbutamol.

Dados Meteorológicos: Incluindo temperatura máxima e mínima e humidade relativa durante o período de estudo (Maio-Setembro, 2004) foram obtidos do Departamento de Fisiologia das Culturas, UAF e Brooke Hospital for Animals, Multan. Estes dados foram analisados para determinar o índice de cio (www.Thetornado.com) e foi determinada a correlação do índice de cio com a prevalência da síndrome.

c.2. Bioquímica do soro

(Peter *et al.*, 1981; Shamoon-ur-Rashid, 1997)

Para comparação de diferentes minerais, o soro foi colhido de anhidrotic (n=10), bem como de cavalos clinicamente saudáveis (n=10). Para este fim, 10mL de sangue foi retirado de cada animal para um tubo de ensaio limpo e seco (sem adição de anticoagulante). O tubo de ensaio foi mantido em posição oblíqua à temperatura ambiente para a separação do soro. O soro foi separado das amostras utilizando uma centrifugadora e mantido a -20 oC até ser analisado para sódio, potássio, cloreto e bicarbonato, como descrito abaixo:

Determinação do Soro de Sódio

Para obter a maior precisão foi utilizado o fotómetro de chama FP 20 (Jenway PFP-7, UK) para determinar a concentração de sódio na amostra de soro. Para a preparação da amostra foi utilizado um recipiente cuidadosamente limpo e esterilizado. Apenas 50uL de soro foram necessários para o teste. A razão de diluição para o sódio foi de 1/200 com soluções em branco e standard. A solução de lítio foi utilizada para diluir as amostras e o padrão. Como solução padrão foi utilizada água desionizada dupla destilada de acordo com as recomendações estabelecidas no Manual do Utilizador do fotómetro de chama FP20.

O recipiente da amostra foi aquecido a 37 oC durante um minuto. O filtro para determinação de Na foi utilizado com 589nm de comprimento de onda. Esperou-se 10 minutos depois de se ter ligado o instrumento "ON" antes da calibração.

Após a inserção de soluções em branco e padrão na sonda de admissão do Fotómetro de

Chama, a amostra foi inserida. O valor da concentração de sódio na amostra foi exibido no ecrã assim que o processo de integração do computador foi concluído. A leitura foi anotada em mEq/L.

Determinação do Soro de Potássio

Para a determinação da concentração de potássio no soro, foi utilizado o fotómetro de chama FP 20 (Jenway PFP-7, UK).

Para a preparação da amostra foi utilizado um recipiente cuidadosamente limpo e esterilizado. A razão de diluição do potássio foi de 1/200 com soluções Blank e Standard. Apenas 50uL de soro foram necessários para o teste. A solução de lítio foi utilizada para diluir as amostras e o padrão. Água desionizada dupla destilada foi utilizada como solução padrão de acordo com o conselho do Manual do Utilizador do fotómetro de chama FP20.

O recipiente da amostra foi aquecido a 37 oC durante um minuto. O filtro para determinação de K+ foi utilizado com comprimentos de onda de 766 nm. Após a inserção de soluções em branco e padrão na sonda de admissão do Fotómetro de Chama, a amostra foi inserida. O valor da concentração de potássio na amostra foi exibido no ecrã assim que o processo de integração do computador foi concluído. A leitura foi anotada em mEq/L.

Determinação do Bicarbonato

A determinação dos bicarbonatos no soro foi feita com a ajuda do Kit KCO3, fabricado por (Randox Laboratories, Irlanda). O fotómetro de chama utilizado para este fim foi Screen Roaster.

Os reagentes para o kit HCO3 eram:
1. Buffer
2. Reagente
3. Norma

Cinco micro-litros (5uL) do soro foram tomados com a ajuda de pipeta em cureta e a diluição adicional foi feita conforme prescrito pelo fabricante.

	Teste	Em branco	Norma
Amostra	5uL	-	-
H2O redestilado	-	5uL	-
Norma	-	-	5uL
Reagente	1000uL	1000uL	1000uL

Para obter resultados precisos, foram utilizados filtros de 340 nm de comprimento de onda no instrumento. As soluções foram preparadas de acordo com as instruções do fabricante. A amostra, Blank e Standard foram levadas para cuvette e incubadas a 37 oC durante um minuto antes da medição.

Depois de ligar "ON" o Fotómetro de Chama Principal do Ecrã, esperou até que "INSERT BLANK" fosse exibido no ecrã. Depois de inserir as cuvetes Blank e Standard virar por turnos no instrumento, a amostra foi inserida com o seu cuidado. A concentração do Bicarbonato no soro foi anotada a partir do ecrã. O valor foi calculado como abaixo:

$$HCO3 = \frac{A\ Amostra \times 25\ mEq/L.}{Um\ Padrão}$$

O valor obtido foi em mEq/L.

Determinação do cloreto

A determinação do cloreto no soro foi realizada com a ajuda do kit de determinação do cloreto, comercializado pela DMA Inc. Arlington, Texas, que foi utilizado de acordo com as instruções do fabricante.

Vinte e cinco microlitros de soro foram tomados em cuvetes limpas e esterilizadas. Os reagentes do kit foram incluídos:

1.	Reagente à base de cloreto
2.	Solução em branco com cloreto
3.	Padrão de cloreto

	Teste	Em branco	Norma
Amostra	-	-	25uL
H2O redestilado	25uL	-	-
Norma	-	25uL	-
Reagente	2mL	2mL	2mL

Após a preparação, o padrão em branco e as soluções de amostra foram incubadas a 37 oC durante um minuto. Para a determinação do cloreto no soro, foi utilizado um filtro de 505nm de comprimento de onda. Após a calibração das soluções em branco e padrão no instrumento, a amostra foi inserida na sua vez. O instrumento apresentava a leitura no ecrã. O valor foi calculado como se estivesse abaixo:

$$Cl\text{-} = \frac{\text{A Amostra} \times 100 \text{ mEq/L.}}{\text{Um Padrão}}$$

A concentração de cloreto no soro foi notada em mEq/L.

3.3. Avaliação terapêutica comparativa da Caseína Iodada e do Trigo Germinado

Vinte cavalos que sofrem de não suar foram divididos em dois grupos iguais e tratados como indicado abaixo:

Grupo I

> 13   gramas de Casein Iodinated PO diário durante 4 dias (Maqsood, 1956). Preparação de A caseína iodada foi descrita no Apêndice 2.

Grupo II

> Trigo germinado 500 gramas diariamente durante 4 dias (Shamoon-ur-Rashid, 1997). A preparação de trigo germinado foi descrita no Apêndice 3.

A avaliação foi feita com base em sinais clínicos e exame físico.

CAPÍTULO 4

RESULTADOS

Este estudo foi realizado durante os meses de Maio a Setembro de 2004. Foi concebido.

1.	Determinar a epidemiologia da anidrose nos cavalos de todas as idades e sexos que foram levados para a clínica ao ar livre, Departamento de Medicina Clínica e Cirurgia Universidade de Agricultura Faisalabad e Hospital Brooke para Animais, Multan.

2.	Estudar as alterações bioquímicas do soro (electrólitos) associadas à anidrose.

3.	Avaliação terapêutica da caseína iodada e do trigo germinado com base na semeiologia. Para este fim foram seleccionados e divididos em dois grupos e tratados com dois tratamentos diferentes vinte casos positivos de cavalos que sofrem de anidrose e aparentemente livres de outras doenças.

Os resultados são descritos como abaixo:

Observações Clinco-epidemiológicas

4.1. Sinais clínicos (Semeiologia)

Os sinais clínicos observados em 20 cavalos que sofrem de anidrose são apresentados no Quadro 1.

Quadro 1: Distribuição da frequência dos sinais clínicos entre 20 cavalos que sofrem de anidrose examinados no Clinic, Department of Clinical Medicine & Surgery University of Agriculture, Faisalabad <u>and Brooke Hospital for Animals, Multan durante Maio a Setembro de 2004.</u>

Sinais		Total de Cavalos	Cavalos afectados	Percentagem (%)
Rectal Temperatura	102-104oF		8	40
	104-106oF	20	9	45
	>106oF		3	15
Taxa de pulso	60-80/ min		9	45
	80-100/ min	20	11	55
Respiração Taxa	60-80/ min		10	50
	80-100/ min	20	8	40
	100-120/ min		2	10
CRT*	< 3 seg.		6	30
	> 3 seg	20	14	70
Tenda Hora	< 3 seg.		5	25
	> 3 seg	20	15	75
Tempo de transpiração de adrenalina***	9-11 min		11	55
	11-13 min	20	9	45
Tempo de transpiração Salbutamol***	18-20 min		11	55
	20-22 min	20	9	45
Ração de fora	Completamente		1	5
	Parcialmente	20	14	70
	Normal		5	25
Redução do consumo de água	—	20	16	80

* Capillary refill time (The Merck Veterinary Manual, 7th Edition. P. 1356)

** Injecção intradérmica de 0,5 ml de 10-3 adrenalina c/v (Evans, 1966).

*** Intradermal salbutamol (ventolin) injecção de 0,1 ml de 10-7 (Guthrie *et al.*, 1992).

4.2. Observações Epidemiológicas

Os parâmetros epidemiológicos incluíram prevalência global, prevalência mensal e de base etária, morbilidade proporcional em relação a todas as outras doenças e mortalidade (se houver).

Prevalência geral

Vinte dos 151 cavalos examinados foram diagnosticados como casos de anidrose. Assim, a prevalência global foi de 13,2% (Quadro 2; Fig. 1).

Quadro 2: Prevalência mensal de anidrose em cavalos (n=151) Examinada na Clínica Externa, Departamento de Medicina Clínica e Cirurgia, Universidade de Agricultura Faisalabad e Hospital Brooke para Animais, Multan durante Maio a Setembro de 2004.

Mês	Nº de Cavalos Examinado	Nº de Anhidrotic Cavalos	Percentagem (%)
Maio	—	—	—
Junho	15	1	6.6
Julho	60	9	15
Agosto	40	6	15
Setembro	36	4	11.1
Total	151	20	13.24

Distribuição mensal dos casos de Anhidrosis

A maior prevalência (15%) da síndrome de anhidrose foi registada nos meses de Julho e Agosto seguidos de Setembro (11,1%) e Junho (6,6%), respectivamente. Nenhum caso de anidrose foi observado em Maio (Quadro 2; Figura 2).

Idade e Prevalência baseada no sexo

A maior prevalência de anidrose (15,6%) foi registada nos cavalos de 6-12 anos de idade, seguidos pelos de 1-5 anos (14,2%) e 13-18 anos (7,8%), respectivamente (Quadro 3).

A análise da predisposição **baseada no género** para a anidrose indicou que os cavalos machos e fêmeas eram quase igualmente afectados. (Quadro 4).

Tabela 3: Prevalência de anidrose em cavalos (n=151) com base na idade examinada na Clínica Externa, Departamento de Medicina Clínica e Cirurgia, Universidade de Agricultura, Faisalabad e Hospital Brooke para Animais, Multan durante Maio a Setembro de 2004.

Grupo etário (Anos)	N.º Total ofHorses Examinado	Nº de Anhidrotic Cavalos	Prevalência (%)
1-5 anos	49	7	14.2
6-12 anos	64	10	15.6
13-18 anos	38	3	7.8
Total	151	20	13.24

Quadro 4: Prevalência de anidrose em cavalos (n=151) com base no sexo examinada em Outdoor Clinic, Department of Clinical Medicine and Surgery, University of Agriculture, Faisalabad e Brooke Hospital for Animals, Multan Durante os meses de Maio a Setembro de 2004

Mês	Número total Cavalos Masculinos Examinado	No. de Positivo Cavalos Masculinos	Número total de Cavalos Fêmeas Examinado	Nº de Positivo Feminino Cavalos
Maio	-	-	-	-
Junho	8	1 (12.5)	7	0 (0)
Julho	35	6 (17.14)	25	3 (12)
Agosto	23	3 (13.04)	17	3 (17.6)
Setembro	21	2 (9.5)	15	2 (13.3)
Total	87	12 (13.7)	64	8 (12.5)

* O número entre parênteses indica percentagens.

Tabela 5: Associação de índice de cio* com prevalência de anidrose em cavalos na Outdoor Clinic, Departamento de Medicina Clínica e Cirurgia, Universidade de Agricultura, Faisalabad e Brooke Hospital for Animals, Multan durante os meses de Maio a Setembro de 2004.

CASOS Não	Data	Temperatura média do ambiente e RH* no dia do registo do caso			Temperatura média do ambiente e RH* durante a semana que antecede o dia de registo do caso		
		TEMP (oF)	EHUMIDITY RELATIV (%)	ÍNDICE DE AQUECIMENTO (F)	TEMP oF	RELATIVO EHUMIDITY %	ÍNDICE DE AQUECIMENTO (F)
1	26-6-2004	100.4	60	131	95	54	108
2	07-7-2004	104	46	126	104.5	55	139
3	07-7-2004	104	46	126	104.5	55	139
4	10-7-2004	102.2	42	116	107.96	55	153
5	12-7-2004	101.3	65	141	107.96	55	153
6	12-7-2004	101.3	65	141	107.96	55	153
7	15-7-2004	102.2	68	150	100.94	55	127
8	15-7-2004	102.2	68	150	100.94	55	127
9	15-7-2004	102.2	68	150	100.94	55	127
10	29-7-2004	104	67	156	98.96	66	133
11	01-8-2004	100.05	74	149	102.56	61	140
12	01-8-2004	100.05	74	149	102.56	61	140
13	12-8-2004	98.6	81	152	101.66	78	164
14	12-8-2004	98.6	81	152	101.66	78	164
15	27-8-2004	97.5	70	132	95.5	72	127
16	27-8-2004	97.5	70	132	95.5	72	127
17	01-9-2004	100.4	70	145	96.8	78	139
18	01-9-2004	100.4	70	145	96.8	78	139
19	18-9-2004	98.6	70	137	100.4	74	151
20	18-9-2004	98.6	70	137	100.4	74	151

Para calcular o índice de calor, a fórmula é dada abaixo:

(A equação seguinte aproxima-se do índice de calor. A equação foi obtida por análise de regressão múltipla e existe um erro de +-1,3 graus F.)

$HI = -42.379 + 2.04901523T + 10.1433127R - 0.22475541TR - 6.83783x10 -3 T 2 -$

$5.481717x10 \qquad -2 \qquad R \qquad 2$

$+ 1.22874x10 -3 T 2R + 8.5282x10 -4 TR 2 - 1.99x10 -6 T 2 R 2$

Onde:

HI = Índice de calor

T = Temperatura (° F)

RH = Humidade Relativa (%)

(Referência: www.Thetornado.com, Data de Acesso; 23 de Junho de 2005).

Quadro 6: Morbilidade proporcional da anidrose em relação a todas as outras doenças observadas em cavalos examinados na Clínica Exterior, Departamento de Medicina Clínica e Cirurgia, Universidade de Agricultura, Faisalabad e Hospital Brooke para Animais, Multan durante o período de Maio a Setembro de 2003-04.

Mês	Outros distúrbios *	Cavalos Anhidrotic Horses	valência (%)
MAIO	1982	—	--
JUNHO	3101	329	10.60
JULHO	3727	695	18.64
AGOSTO	3385	647	19.11
SETEMBRO	3188	439	13.77
Total	15383	2110	13.71

*Lameness, GIT, Respiratório, feridas e outros em determinados meses do ano 2003-04.

Esta tabela mostra o número de cavalos, que são positivos para a anidrose e a sua comparação com todas as outras doenças.

4.3. Parâmetros bioquímicos do soro

Sódio

Em cavalos com sinais de anidrose a concentração sérica de sódio era de 110-128 mEql (Média 117,8). No grupo de controlo, o sódio dos cavalos variava entre 133-139 mEq/l (Média 136). Houve diminuição do nível de sódio no soro de sódio em cavalos anidróticos em comparação com os cavalos de controlo, como descrito no Quadro 7 e Quadro 8. Houve uma diferença altamente significativa ($P < 0,01$) entre o grupo de controlo e os grupos de cavalos anidróticos.

Potássio

Em cavalos anidróticos a concentração de soro era de 3,6-4,3 mEq/l (Média 3,94). No grupo de controlo dos cavalos o potássio variava entre 3,3-4,2 mEq/l (Média 3,74), como indicado no Quadro 7. Os valores médios são dados no Quadro 8. Houve um ligeiro aumento no nível de potássio em cavalos anidróticos e houve uma diferença significativa ($P < 0,05$) entre os valores médios de potássio de controlo e os grupos anidróticos de cavalos.

Chloride

A concentração sérica de cloreto de anhidrotic equinos variava entre 75-90 mEq/l (Média 83,3). No controlo, o nível de cloreto de cavalo variou entre 97-103 mEq/l (Média 99,7), como indicado no Quadro 7.Valores médios mostrados no Quadro 8. Houve uma diferença altamente significativa ($P < 0,01$) entre os valores médios de cloreto de cavalo de controlo e os grupos experimentais de cavalos.

Bicarbonato

Em cavalos com sinais de anidrose a concentração sérica de sódio era de 22-27 mEql (Média 24,2). Em cavalos saudáveis, o sódio variava entre 24-29 mEq/l (Média 26,5). Houve uma diminuição do nível sérico de sódio em animais anidróticos em comparação com os animais de controlo Quadro 7 e Quadro 8, respectivamente. Houve uma diferença significativa ($P < 0,05$) entre os valores médios de bicarbonato de controlo e o grupo de animais de controlo.

Quadro 7: Comparação de gamas de parâmetros electrolíticos entre grupos de controlo e grupos anidróticos.

Parâmetros estudados	Controlo Cavalos	Anhidrotic Cavalos
	Gama	Gama
Sódio (mEq/ L)	133-139	110-128
Potássio (mEq/ L)	3.3-4.2	3.6-4.3
Cloreto (mEq/ L)	97-103	75-90
Bicarbonato (mEq/ L)	24-29	22-27

Quadro 8: Comparação de parâmetros electrolíticos entre o grupo de controlo e o grupo anidrótico.

PARÂMETROS STUDIED	CONTROL	ANHIDROSE
	RANGE	RANGE
Sódio (mEq/ L)	133-139	110-128
Potássio (mEq/ L)	3.3-4.2	3.0-5.5
Cloreto (mEq/ L)	97-103	71-87
Bicarbonato (mEq/ L)	24-29	22-28

4.4. Avaliação terapêutica

Para avaliação terapêutica, vinte cavalos de ambos os sexos ou de todas as idades que sofrem de anidrose, divididos em dois grupos iguais, foram tratados como se segue:

Grupo I

13 gramas de caseína iodada diariamente PO durante 4 dias (Maqsood, 1956).

Grupo II

Trigo germinado 500 gramas diariamente durante 4 dias (Shamoon-ur-Rashid, 1997).

4.5. COMPARAÇÃO DO TRATAMENTO GRUPO 1 E GRUPO 2

No grupo I, 3 cavalos foram curados, em 10 (30%) e no grupo II, 5 cavalos foram curados em 10 (50%) Quadro 9 & 10.

4.6. SINTOMA CLÍNICO ANTES DA MEDICAÇÃO EM AMBOS OS GRUPOS

Não havia transpiração mesmo depois de um trabalho árduo em qualquer parte do corpo. O pêlo do corpo era baço, áspero e os cavalos estavam sem ração. Os animais afectados tinham aumentado as taxas respiratórias em repouso. A temperatura corporal e as pulsações aumentaram de forma variável em comparação com as dos cavalos de controlo em condições idênticas. Os sinais predominantes eram taquipneia com evidência de problemas respiratórios e tinham taxas respiratórias de 60 a 120 respirações/min. aumento da amplitude da temperatura corporal até 106oF e aumento da frequência de pulso até 80-120/min.

4.7. SINTOMAS CLÍNICOS APÓS A MEDICAÇÃO

Grupo - I

Este grupo era composto por 10 cavalos e foi dado o seguinte tratamento
Caseína iodada em 13gramas diariamente durante 4 dias.
Ampla água potável.

SINTOMAS CLÍNICOS

No grupo I, após três dias, de 10 cavalos, 3 cavalos foram curados e a sua temperatura, respiração e pulsação foram melhoradas.

Grupo - II

Este grupo era composto por 10 cavalos e foi dado o tratamento seguinte;
- Trigo germinado, 500 gramas diários durante 4 dias
- Ampla água potável.

Quadro 9: Concentrações de electrólitos de soro em cavalos anidróticos (n=10) e de controlo (n=10).

Parâmetros Estudou	Cavalos de controlo (Média ± SD; mEq/L)	Cavalos anidróticos (Média ± SD; mEq/L)	T-Value
Sódio	136±0.267	117.8±0.4218	8.59 †
Potássio	3.74±0.01	3.94±0.006	1.554**
Chloride	99.7± 0.534	83.3±0.2401	9.57**
Bicarbonato	26.5±0.383	24.2±0.3289	2.726*

† = Altamente significativo

* = Significativo

SINTOMAS CLÍNICOS

Havia 10 cavalos no grupo-II, destes 5 foram curados A temperatura começou a suar, a respiração e a pulsação também foram melhoradas (Tabela 9).

Quadro 10: Comparação dos cavalos do grupo 1 e do grupo 2 responderam aos tratamentos.

GRUPO	TOTAL	NÃO. DE CURADO ANIMAL	PERCENTAGEM
1	10	3	30%
2	10	5	50%

Quadro 11: Comparação de tratamentos com base em sinais clínicos entre 20 cavalos que sofrem de anidrose examinados na Outdoor Clinic of Clinical Medicine & Surgery University of Agriculture, Faisalabad e Brooke Hospital for Animals, Multan durante o período de Maio a Setembro de 2004.

Sinais (média)	Tratamento Dado	Dia 1	Dia 7	Dia 14
Rectal Temperatura	i) Caseína Iodada (n=10) ii) Trigo Germinado (n=10)	105 104.5	102 101.6	103 102
Taxa de pulso	i) Caseína Iodada (n=10) ii) Trigo Germinado (n=10)	81 78	59.6 52.4	53 48.4
Respiração Taxa	i) Caseína Iodada (n=10) ii) Trigo Germinado (n=10)	95 95	45.2 44	47.2 42.4
Tempo de transpiração de adrenalina*	i) Caseína Iodada (n=10) ii) Trigo Germinado (n=10)	12.9 12	10 8.9	11.1 8.7
Tempo de transpiração Salbutamol***	i) Caseína iodada (n=10) ii)	20 19	15 13.9	16.3 13

	Germinado Trigo (n=10)			
Ingestão de ração 75%de normal 50%de normal < *10* kg/dia de	i) Caseína Iodada (n=10) ii) Trigo Germinado (n=10)	2.4 2.0	2.0 1.6	1.7 1.6
entrada de água 75%de normal 50%de normal < 5 litros/dia	i) Caseína Iodada (n=10) ii) Trigo Germinado (n=10)	1.8 2.0	1.7 1.8	1.6 1.5

* Injecção intradérmica de 0,5 ml de 10-3 adrenalina p/v (Evans, 1966)

** Injecção intradérmica de salbutamol (ventolin) de 0,1 ml de 10-7 (Guthrie *et al.*, 1992).

CAPÍTULO 5

DISCUSSÃO

A população de equinos no Paquistão foi estimada em quase 3 milhões (Anónimo, 2002-03). Nos países em desenvolvimento, os cavalos continuam a ser o principal meio de transporte do bem e dos povos. O cavalo foi domesticado há cerca de 6000 anos. O homem aprendeu a gerir o cavalo e a ser bem sucedido na sua criação em cativeiro (Evans, 1992). O cavalo tem um grande papel no desenvolvimento da civilização. Anteriormente era apenas uma fonte de velocidade e resistência para o homem. Apesar da revolução automóvel desta época, os cavalos continuam a ser importantes na nossa sociedade. A natureza do trabalho realizado pelo cavalo é sempre trabalhosa. Durante o exercício, há um aumento significativo da quantidade de produção de calor através do trabalho dos músculos do cavalo. A produção de calor pode aumentar até 50% durante os períodos de exercício, em comparação com a produção de calor quando o cavalo está em repouso. Anhidrose do exercício pode resultar quando a temperatura ambiente e os níveis de humidade são elevados.

Anhidrosis pode progredir rapidamente do stress térmico, se a intensidade do trabalho, a temperatura ambiente, a humidade sobre cargas a capacidade do cavalo de se arrefecer a si próprio. Clinico-Epidemiologia

Relativamente à prevalência da anidrose, o resultado da presente investigação mostra que a ocorrência global de anidrose em equídeos é de 13,24%. Estes resultados estão de acordo com o trabalho de Richard (1944) que encontrou 15% dos jovens corredores importados de Inglaterra e da Irlanda que desenvolveram a condição. A prevalência mensal mostra que a prevalência de anhidrose foi elevada nos meses de Julho e Agosto e atinge até 15% em comparação com Junho e Setembro em que a prevalência foi registada 6,6 e 11,1% respectivamente.

Os resultados mostram que não há relação de anidrose com a idade ou sexo. Os resultados do presente estudo estão também de acordo com a descoberta de Radostits (2000), que fazem o mesmo tipo de observações. Os resultados do presente estudo mostram também a associação entre temperatura e humidade relativa através da medição do índice de calor. O índice de calor em que se registaram casos de anidrose foi 131-141(F). O índice de calor foi máximo nos meses de Julho e

Agosto e foi registado 139 e 141(F) respectivamente e é aconselhável parar de trabalhar a partir de cavalos neste índice de calor.

Sinais clínicos

Foram observados os seguintes sinais clínicos em cavalos que sofriam de anidrose. Não suar, pelagem seca e áspera, taxas de pulso 80-100 por minuto, temperatura até 106 oF, ofegante e aumento das taxas cardíacas e respiratórias.

Os sinais clínicos observados durante este estudo corroboraram plenamente com os resultados de Barnes (1938), que relatou a anidrose, uma síndrome que consiste na perda da capacidade de suor. Os sinais clínicos estão também de acordo com Radostits (2000), que relatou que a temperatura, respiração ofegante, coração e taxas respiratórias eram elevadas nesta condição. Correa e Calderin (1966) deram observações semelhantes, Sato (1977), Warner e Mayhew (1982), Mayhew e Furguson (1987), Fahey (1989). Também relataram variações sazonais na incidência de sinais clínicos.

TRATAMENTOS

Vinte cavalos positivos de ambos os sexos e de todas as idades que sofriam de anidrose foram divididos em dois grupos. O primeiro grupo de cavalos foi composto por dez cavalos que foram tratados com Casein Iodinated PO diário durante 4 dias. De 10 cavalos, 3 cavalos foram curados. Os resultados actuais estão parcialmente de acordo com os comunicados pela Maqsood (1956).

O segundo grupo era também composto por 10 cavalos e tratado com trigo germinado 500gramas diariamente durante 4 dias. Dos 10 cavalos tratados com este tratamento, 5 foram curados. Os resultados actuais estão parcialmente de acordo com os resultados de Shamoon-ur-Rashid (1997) & Radostits (2000).

Química do sangue

Sangue de Sódio

Todos os animais do grupo experimental mostraram diminuição na concentração sérica de sódio. Os resultados estão de acordo com os de Radostits (2000), Lindinger *et al.*, 1995, Geor e McCutcheon (1995).

Potássio de Sangue

A concentração de soro de potássio no grupo anidrótico foi ligeiramente aumentada. Os resultados do presente estudo estão de acordo com Radostits (2000), Lindinger *et al.*, 1995, Harris *et al.*, 1995, Geor e McCutcheon (1995).

Cloreto de sangue

Houve uma diminuição na concentração de sangue em cavalos do grupo anidrótico. Os resultados do presente estudo estão de acordo com os de Radostits (2000), Lindinger *et al.*, 1995, Harris *et al.*, 1995, Foreman *et al.*, 1996, Geor (1997), Geor e McCutcheon (1998).

Bicarbonato de sangue

A concentração de bicarbonato no soro foi diminuída em animais do grupo anidrótico que indicavam acidose metabólica de origem respiratória, devido ao aumento da respiração. Os resultados do presente estudo estão de acordo com os de Radostits (2000), Jasson *et al.*, 1995, Foreman *et al.*, 1996, Geor (1997), Geor e McCutcheon (1998).

CAPÍTULO 6

SÍNTESE

Este estudo foi concebido para determinar o aspecto epidemiológico da anidrose em cavalos examinados no Outdoor Clinic, Department of Clinical Medicine and Surgery, University of Agriculture, Faisalabad and Brooke Hospital for Animals, Multan durante os meses de Maio a Setembro de 2004. As investigações incluíram também a determinação de alterações bioquímicas séricas (Na+, K+, Cl- e HCO3) de cavalos de controlo e de anhidrotic e a avaliação da eficácia terapêutica de dois tratamentos diferentes. Para parâmetro epidemiológico de anhidrose, foram observados 151 cavalos. A investigação mostrou que a ocorrência de anhidrose em equinos foi de 13,24%, ou seja, 20 cavalos em 151 foram considerados positivos. A prevalência baseada no mês mostra que a prevalência de anhidrose foi elevada nos meses de Julho e Agosto e atinge até 15% em comparação com Junho e Setembro em que a prevalência foi registada 6,6 e 11,1% respectivamente. Os resultados mostraram que não há relação da anhidrose com a idade ou sexo. Os resultados do presente estudo também mostraram a associação entre temperatura e humidade relativa através da medição do índice de calor. O índice de calor em que foram registados casos de anidrose foi de 120-145F. Para a bioquímica do soro, as amostras de soro de casos positivos foram comparadas com o grupo de controlo para a detecção de electrólitos (Na+, K+, Cl-, e HCO3). O grupo positivo mostrou uma diminuição dos níveis séricos de sódio, cloreto e bicarbonato, enquanto a concentração de potássio no soro foi ligeiramente aumentada. Para avaliação terapêutica foram tratados vinte casos positivos com dois grupos diferentes de tratamentos, caseína de iodinato e trigo germinado, como se segue. Com o 1º grupo de tratamento foram curados 3 cavalos, dando uma percentagem de 30%. Enquanto no 2º grupo de tratamento, 5 cavalos responderam ao tratamento. Os resultados do tratamento foram baseados na inversão dos sinais clínicos e no exame físico.

LITERATURA CITADA

Anónimo, 2002-03. Estudo Económico do Paquistão, Divisão de Finanças, Governo do Paquistão,

Islamabad.

Barnes, J. E., 1938. Anhidrose em cavalos. Veterinária. Rec., 31: 977.

Barnes, J., 1938. "Suor seco em cavalos". Veterinário. Rec., 50: 967-968

Beadle R. E., 1996 (Dados não publicados). Escola de Medicina Veterinária, Universidade Estatal de Louisiana, Baton Rouge, EUA.

Brent, M. N., 2005. Extravagância meteorológica em www. Thetornado.com. Acessado. 23 de Junho de 2005.

Carlson, G. e R. Mansmann, 1974. Alterações electrolíticas de soro e proteínas plasmáticas em cavalos utilizados em provas de enduro. J. Am. Vet. Med. Assoc., 165: 262-264.

Carlson, G. e P. Ocen., 1979. Composição do suor equino após exercício em alta temperatura ambiental e em resposta à administração intravenosa de epinefrina. J. Eq. Med. Surg., 3: 27-32.

Correa, J. e G. Calderin, 1966. Doença de Puff em cavalos. J. Am. Vet. Med. Assoc., 149: 1556-1560.

Currie, A. e S. Seager, 1976. Anhidrosis. In: Proc. Am. Assoc. Pract. Equine, 22ª Reunião Anual, 249-251.

Demis, D., R. Dobson e J. McGuire, 1979. Clinical Dermatology, Harper and Row Inc., Maryland, EUA. pp: 139-144.

Dobson, R., 1979. O efeito de repetidos episódios de suor profuso nas glândulas sudoríparas crinas humanas. J. Invest. Dermatol., 35: 195-198.

Evans, C. Lovatt e D. F. G. Smith, 1954. Mecanismo de transpiração. J. Physiol., 126: 45.

Evans, C. Lovatt, D. F. G. Smith e H. Weil-Malherbe, 1955. O papel da epinefrina na anidrose. J. Physiol., 128: 50.

Evans, C., D. Smith e K. Ross, 1957. Factores fisiológicos no estado de "dry-coat" em cavalos. Veterinários. Rec., 69: 1-9.

Evans, C., 1966. Mecanismos fisiológicos que subjazem ao suor no cavalo. Vet britânico. J., 122: 117-121.

Fahey, K., 1989. Síndrome do casaco seco em cavalos. Univ. Sydney Pós-Graduada. Cttee Vet. Sci. Control and Therapy, pp: 201-204.

Foreman, J. H., T. L. Grubb, G. J. Benson, L. P. Freg, R. A. Foglia, R. L. Griffin e A. D. Clarke, 1996. Efeito ácido-base e electrólito do encurtamento da prova de campanário num evento de três dias. Progresso para Atlanta'96. Respostas termoregulatórias durante o exercício competitivo no cavalo de performance. Equine Vet. J., 22: 85-90.

Fowler, M., 1978. Restraint and Handling of Wild and Domestic Animals. Iowa State University Press Ames, Iowa, USA. pp: 47-49.

Geor, R. J., L. J. McCutcheon, G. L. Ecker e M. I. Lindinger, 1995. Respostas térmicas e cardiorrespiratórias dos cavalos ao exercício sub-máximo em condições quentes e húmidas. Equine Vet. J., 20: 125-132.

Geor, R. J., L. J. McCutcheon, M. I. Lindinger, L. B. Jeffcott e A. F. Clarke, 1996. Adaptações ao exercício diário em condições ambientais quentes e húmidas em cavalos de raça pura treinados. Equine Vet. J., 22: 63-68.

Gordan, G. e H. Maibach, 1968. Sobre o mecanismo da glândula sudorípara humana inactiva. Arco. Derm., 97: 66-68.

Guthrie A. J., J. S. Van den Berg, V. M. Killeen, e E. Nichas, 1992. Utilização de teste de suor semi-quantitativo em cavalos puro-sangue. J.S. Afr. Vet. Assoc., 63: 162-165.

Harris, P. A., D. J. Marlin, C. M. Scott, R. C. Harris, P. C. Mills, A. R. Michell, C. E. Orme, C. A. Roberts, R. C. Schroter, C. M. Marr e F. Barrelet, 1995. Mudanças electrolíticas e de proteínas totais em cavalos não aclimatados pelo calor, realizando exercício de passadeira em condições frias (20oC/ 40%RH), quentes, secas (30oC/40% RH) ou quentes, húmidas (30oC 80%RH). Equine Vet. J., 20

(Sup.): 85-96.

Hood, M., 1979. Função da glândula tiróide. Jap. J. Vet. Sci., 14: 72.

Hungerford. T.G., 1990. Doença da Fome do Gado. 9ª edição. McGraw Hill Book Co, Sydney.

Jenkinson, D. M., I. Montgomary e D.K. Mason., 1985. Estudos sobre a variação ultra-estrutural na glândula sudorípara de cavalos anidróticos. Equine Vet. J., 17: 287-291.

Jenkinson, D. M., C. Loney, H. Y. Elder, L. Montgomery e D.K. Manson, 1989. Efeito da estação e da baixa temperatura ambiente na estrutura das glândulas sudoríparas em cavalos anidróticos. Equine Vet. J., 21: 59-65.

Johnson, K. G. e K. E. Creed, 1982. Transpiração no cavalo intacto e pele de cavalo perfumada isolada. Comparative Biochem. & Physiol., 73: 259-264.

Johnson, K. G., 1975. Função da glândula sudorípara em pele perfumada isolada. J. Physiol., 250: 633-649.

Julio, E. C. e G. G. Calderin, 1966. Anhidrosis dry-coat, síndrome em Thoroughbred. J. Am. Vet. Med. Assoc., 148: 1551-55.

Ladell, W., 1957. Distúrbios devidos ao calor. Trans. Roy. Soc. Trop. Med. Hyg., 51: 189-207.

Lindinger, M. I., R. J. Goer, G. L. Ecker, e L. J. McCutcheon, 1995. Volume e iões de plasma durante o exercício em condições frias, secas, quentes, e húmidas. Equine Vet. J., 20: 133-139.

Ludwig, W.P., e Von. Mutzenbecher, 1939. Apresentação de uma proteína de iodo altamente eficaz. Recebido pela Schriftleotung a 15 de Fevereiro de 1939.

Maqsood, M., 1956. Terapia de caseína iodada para a síndrome da não transpiração em cavalos. Veterinária. Rec., 101: 475.

Marsh, J. H., 1961. Tratamento de pelagem seca em Thoroughbreds com vitamina E. Vet. Rec., 73:

11241126.

Massry, S. e J. Coburn, 1972. Fisiologia clínica da exposição ao calor In: Maxwell M. (ed) Clinical
Disorders of Fluid and Electrolyte Metabolism, MacGraw Hill, New York. pp: 231-235.

Mayhew, I. G. e H. O. Ferguson, 1987. Clinicopathlogic and epidemiologic features of anhidrosis in
central Florida Thoroughbred horses. J. Vet. Internal Med., 1: 136-141.

Mushtaq, M. A., 1988. Preparação e avaliação de caseína. M. Sc.(Hons) Thesis, Deptt. Food Technology,
Univ. Agri. Faisalabad.

Peter, J. E., P. Boge, P. G. Moris e B. J. Gordon, 1981. Anhidrosis in a Thoroughbred. Veterinário. Med.
Small Animal Clinician, 76: 730-732.

Radostits, O. M., D. C. Blood, C. C. Gay e K. W. Hinchcliff, 2000. Medicina Veterinária. 9ª ed., 9ª ed.,
2000. W. B. Saunders Co, Philadelphia, USA. pp: 1812-1813.

Rose, R. J. e D. H. Snow, 1997. Anhidrose em equídeos. Reseaech in Vet. Sci., 66: 191-196.

Richard, T. G., 1944. Anhidrose crónica com cloretos sanguíneos mais baixos em cavalos de corrida. Touro.
U.S. Army Med. Dept., 77: 332-36.

Robinson, S., R. Kinkaid e R. Rhamy, 1950. Efeito da deficiência de sal sobre a concentração de sal no suor.
J. Appl. Physiol., 3: 55-62.

Schubert, R., K. Crosser, L. Stotzner, H. Graf e G. Flattowsky, 1993. Estado da vitamina E em cavalos de
corrida. Vet britânico. J. Med., 109-110.

Shamoon-ur-Rashid, 1997. Prevalência da Doença de Puff em cavalos com estudos bioquímicos e
quimioterápicos. Tese de Mestrado, Faculdade de Ciências Veterinárias, Lahore. Univ. Agri.
Faisalabad, Paquistão.

Sorrisos, K. e S. Robinson, 1971. Regulação da secreção de suor durante o trabalho positivo. J. Appl.

Physiol., 30: 409-412.

Snow, D. H., 1977. Identificação do receptor envolvido no suor mediado pela adrenalina no cavalo. Res. Vet. Sci., 23: 246-247.

Warner, A. E e I. G. Mayhew, 1982. Equine anhidrosis: um levantamento dos cavalos afectados na Flórida. J. Am. Vet. Med. Assoc., 180: 627-29.

Warner, A. E., 1983. Anhidrosis. In: Current Therapy in Equine Medicine. 2ª ed., 2ª ed., 1983. N. E. Robinson (ed.). W.B. Saunders Co, Philadelphia. USA. pp: 170-171.

Warner, A. E., 1985. Anhidrose equina. Comp. Cont. Edu. Prac. Vet., 4:36-39.

Wolkin, J., J. Goodman, e W. Kelly, 1944. Estudo do fracasso do mecanismo do suor no deserto. JAMA., 124: 478-482.

Yang, F., T. K. Basu, B. Ooraikul, 2001. Estudos sobre o estado de germinação e o conteúdo antioxidante dos grãos de trigo Int. J. Food Scir. Nutr., 52: 319-30.

Apêndices

Apêndice- 1: Departamento de Medicina Clínica e Cirurgia

Universidade de Agricultura, Faisalabad

Aspecto epidemiológico e terapêutico da anidrose equina

Número de identificação

Animal_____________ Raça________ Idade ______ Sexo B.wt (aprox.)

Nome do Proprietário _____________ Endereço _____________________________

Ph # _____________________ Data ________________ .

História

Nutrição

Tipo de Forragem _______________ ; Montante_______________________________

Ingestão de sal _________________ ; Consumo de água ___________________

Redução no consumo de água________ ; Fonte de água_______________________

Gestão e desempenho do trabalho

Banho a cada ___________ Dia; Animais ainda a trabalhar? ___________________

Estado dos animais no trabalho   Transpiração: Normal/Reduzido/Absolvente

Exame clínico

  Temp. rectal ______ oF ; Taxa de Pulso/Mín ______; Taxa de Respiração/min ________

  Cor da Membrana Mucosa____

  Condição corporal _________________________________ ; Alopecia: Presente/Absente

  Estimativa do grau de desidratação ____

  Tempo de transpiração de adrenalina ______________________________________

  Tempo de transpiração Salbutamol ____

  Qualquer outra descoberta clínica relevante _________________________________

  Qualquer problema associado ____

Tratamentos

Tratamento - A: Iodinato de caseína.

Treatment-B: Trigo Germinado.

Ampla água potável, Banhos diários, Fornecimento de sombra.

Apêndice -2: Procedimento utilizado para a preparação de caseína iodada.

(Ludwig, 1939; Mushtaq, 1988)

A caseína foi extraída do leite através da adição de ácido diluído (limão).

Precipitação ocorrida

O precipitado foi filtrado com tecido de musselina

Apertou o filtro e secou sob o sol.

A iodinação foi feita adicionando 100g de caseína em água de 4 litros com 30g de NaHCO3 a 37oC.

O iodo foi adicionado gradualmente com uma agitação adequada.

A solução foi filtrada e lavada com álcool.

O produto continha iodo ligado e cor amarela clara.

Apêndice-3: Procedimento utilizado para a preparação de trigo germinado.

54

(Yang et al., 2001)

Foram levados dois sacos de juta.

Os grãos de trigo foram embebidos em água e mexidos.

O trigo embebido foi espalhado num saco de juta molhado e coberto com outro saco de juta molhado.

O saco superior era mantido húmido por aspersão de água sobre ele.

O trigo germinou em 24 a 36 horas.

APÊNDICE-4: Grupo soro bioquímico de cavalos em controlo (não anidrótico)

CAVALO NÚMERO	PARÂMETROS			
	Na+ mEq/L	K+ mEq/L	Cl- mEq/L	HCO3 mEq/L
1	133	3.3	97	24
2	139	3.5	98	28
3	135	3.9	97	27
4	137	3.3	103	25
5	136	4.0	102	26
6	135	4.1	98	29
7	137	4.2	99	25
8	136	3.7	100	28
9	135	3.6	103	29
10	137	3.8	100	24

Apêndice-5: Componentes bioquímicos do soro em cavalos anidróticos

CAVALO NÚMERO	PARÂMETROS			
	Na+ mEq/L	K+ mEq/L	Cl- mEq/L	HCO3 mEq/L
1	110	3.9	75	22
2	122	4.2	90	24
3	128	3.76	85	25
4	112	3.72	89	24
5	111	4.0	80	24
6	119	4.3	84	22
7	123	4.3	81	26
8	125	3.9	88	26
9	112	3.7	78	27
10	116	3.6	83	22